AF496025

SIMON MILLANGES,

IMPRIMEUR À BORDEAUX,

(1572-1623),

PAR M. DAST DE BOISVILLE.

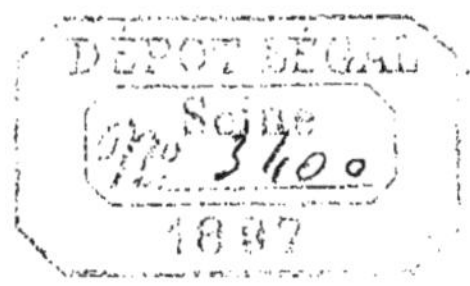

Extrait du *Bulletin historique et philologique*, 1896.

Les documents qui font l'objet de cette communication ont, sauf le n° I qui est relatif à Pierre Charron, tous été relevés dans les minutes de Pierre Bouhet, qui joignait à ses fonctions de notaire royal celles de garde-notes héréditaire de la ville de Bordeaux et de la sénéchaussée de Guienne, de notaire du corps de ville, des jésuites, des principales communautés religieuses et du Parlement de Bordeaux. Il habitait dans la rue Saint-James (paroisse Saint-Éloy), à proximité des collèges de Guienne et des jésuites, de l'hôtel de ville et du palais de l'Ombrière où siégeait le Parlement.

Dans une période de vingt-sept ans (1589 à 1616) je n'ai pas retrouvé, dans les minutes de ce notaire, moins de 185 actes, presque tous intéressants, relatifs à Simon Millanges et à son imprimerie.

Pour ne pas allonger outre mesure cette communication, je n'ai transcrit que ceux d'entre eux qui m'ont paru les plus curieux.

Simon Millanges (1540-1623) est, sans contredit, le plus célèbre des imprimeurs bordelais des siècles passés, et la perfection apportée à la plupart des ouvrages sortis de ses presses lui a valu d'être souvent comparé à Robert Estienne, son contemporain.

Sa « boutique » était établie dans la rue Saint-James, à l'ombre des tours de l'hôtel de ville, proche l'église de Saint-Éloy, où il avait d'ailleurs fondé sa sépulture à côté de celle du savant Élie Vinet, et en face du collège de Guienne où, à côté de professeurs illustres tels que Buchanan, Sainte-Marthe, Élie Vinet, de Gouvéa et tant d'autres, il avait su lui-même, avant de fonder sa belle imprimerie, acquérir comme professeur une réputation méritée.

De nombreuses et fort importantes œuvres furent imprimées par Millanges, et il n'entre pas dans le cadre de cette note d'en donner la liste.

Deux auteurs et non des moins connus, Pierre Charron, le célèbre moraliste, et Louis Richeome, jésuite, surnommé par ses contemporains le « Cicéron français » et si oublié aujourd'hui, firent imprimer par Millanges la plupart de leurs ouvrages.

J'ai pensé qu'il serait peut-être intéressant de signaler au Comité les curieux traités inédits passés entre Millanges et ces deux auteurs pour l'impression de leurs œuvres et j'ai cru devoir joindre à ces documents les pièces qui m'ont paru les plus importantes pour la biographie de Millanges [1] et pour l'histoire de son imprimerie.

Le document qui porte le n° I est le traité passé par Pierre Charron, chanoine théologal de Condom, pour l'impression de son fameux *Traité de la Sagesse* (Imp. S. Millanges, Bordeaux, 1601) et « de plusieurs aultres petits discours chrestiens ». Ce document, qui contient plusieurs clauses intéressantes pour le cas où Charron aurait fait une réimpression de son œuvre, règle aussi le payement par l'auteur des volumes qui, au-dessus de cinquante, seraient restés invendus entre les mains de Millanges.

Pierre Charron qui, pendant ses voyages, habitait l'hôtel du conseiller Thibaud de Camain, situé dans la rue des Trois-Conils (paroisse Saint-Projet), n'usa point en cette circonstance du notaire habituel de Millanges. Il fit passer ce traité par le notaire de son hôte, Pierre Dusault, qui toutefois était proche parent de notre imprimeur.

Ce Dusault était aussi le notaire du cardinal de Sourdis, des chapitres de Saint-André et de Saint-Seurin et des principaux membres du clergé séculier. Cette circonstance ne dut point être, sans doute, absolument étrangère au choix fait par Charron du notaire Dusault.

---

[1] Le testament de Simon Millanges n'a été découvert malheureusement que quelques jours après la communication faite au Comité; je n'ai pu, dans ces conditions, le faire figurer au dossier. Ce testament, entièrement autographe, vient d'être publié dans le volume XXXI de la Société des archives historiques de la Gironde (pages 486 à 491, et fac-similé). Écrit par Millanges le 15 mai 1623, ouvert le 6 juin suivant, il fut remis au notaire bordelais Pierre Grenier, dans les minutes duquel j'ai été assez heureux pour le retrouver.

Les n°ˢ II, III, IV sont relatifs à l'impression des meilleurs ouvrages du père Richeome : *La Sainte Messe défendue contre les erreurs de notre temps*, etc. (Imp. S. Millanges, Bordeaux, 1600); *Plainte apologétique au Roi Très Chrétien* (Imp. S. Millanges, Bordeaux, 1603); *Le Pellerin de Lorette* (Imp. S. Millanges, Bordeaux, 1604). Le document n° IV mentionne notamment un autre ouvrage du même auteur : *Les tableaux sacrés*, qui avait été imprimé à Paris, en 1601, chez le libraire Laurens Sauvins.

Le n° V est un contrat de « Cabal », véritable traité d'association passé par S. Millanges, trop absorbé par son imprimerie, avec deux marchands libraires de Lyon, Antoine Girard et Claude Mongiron.

Ce contrat très curieux règle avec une minutie exceptionnelle tous les détails d'un commerce de librairie, achats, échanges et ventes de livres dans les principales villes de France, Paris et Lyon, et réglemente aussi la nourriture et le logement des contractants, leur vie privée, le payement des remèdes et des médecins, les gages des « compaignous » et apprentis, etc.

Le n° VI est le contrat de mariage de Claude Mongiron avec la fille de Simon, Anne Millanges, dont la dot consiste en 3,000 livres payables moitié en argent et moitié en livres. Le document qui porte le n° VII nous apprend toutefois que cette dot restait encore due en 1614.

Le n° VII est peut-être, après le traité Charron, le document le plus intéressant de ce dossier. Millanges, « devenu vieux et fort cassé, dézirant mettre sa vieillesse en repos, estimant ne le pouvoyr mieulx faire qu'en se deschargeant de la peyne et du soing qu'il fault avoir et prendre pour bien conduire une imprimerie telle que la sienne », cède pour deux ans son imprimerie et son commerce de librairie à son fils aîné Jacques Millanges et à son gendre Claude Mongiron, déjà son associé pour la vente des livres et dont le fils dirigea longtemps, bien qu'avec moins de talent, sous le nom de « Jacques Mongiron-Millanges », l'imprimerie fondée par son aïeul.
Tous les détails sont réglés avec grand soin.

Le n° VIII est un contrat passé par Millanges avec un fondeur de Paris pour la fabrication de caractères d'imprimerie. Ce fondeur devait notamment s'établir à Bordeaux pendant deux ans et ne travailler pour personne autre que Millanges qui, à son tour, s'engageait à fournir les matrices, les moules et la matière des lettres mais « non le charbon », et aussi la « bezoigue » nécessaire pour occuper pendant ces deux ans le fondeur et un compagnon.

Je joins enfin au dossier :

1° (n° IX) Une sommation adressée à Millanges par Jean Darnal, clerc de ville de Bordeaux, qui fit plus tard, en 1620, imprimer chez Millanges sa *Chronique Bourdeloise*, pour réclamer une décharge des livres confiés par Millanges à un avocat au Conseil du roi, à Paris. Cette sommation offre un petit intérêt, car elle mentionne que parmi les ouvrages envoyés à Paris par l'imprimeur bordelais se trouvait une « certaine cantité de libres et volumes des *Chroniques d'Eusebe* » corrigées par le savant évêque de Bazas, Arnaud de Pontac.

2° (n° X) Un contrat de payement fait à Millanges pour une impression, peu importante en soi, mais qui peut donner une idée de ce genre de travaux.

1

Traité passé entre Pierre Charron et Simon Millanges
pour l'impression des trois livres de Sagesse.

10 mai 1601.

Du x may 1601.

Ce jourd'huy dixiesme du moys de may mil six cens ung après midy, ez presences de Maistre Pierre Dusault, notaire et tabellion royal en la ville et cité de Bourdeaulx et senechaussée de Guienne, et des temoins soubz nommés.

Comme il soict ainsy qu'il ayt pleu à Sa Majesté octroyer à Monsieur Maistre Pierre de Charron, chantre et chanoine théologal en l'esglize cathedrale Sainct-Pierre de Condom, previlege de faire imprimer ses œuvres par tel ou tels imprimeurs qu'il verra choisir pendant le temps de dix ans, avecq inhibitions et defenses à tous autres ses subjects d'imprimer ou faire imprimer lesdictes œuvres, comme il est plus a plain conteneu par ledict previlege, datté de Chambery le vingt septiesme septembre mil six ceus.

Est-il conveneu et juré, ledict sieur de Charron promect et jure, comme il a faict et faict par ces presentes transport ou sieur Simon Millanges, imprimeur du Roy en ladicte ville et cité de Bourdeaulx, presant et consantant, dudict previlege pour le temps et espace de 9 ans entiers, à commancer de ce jourd'huy, et ce, pour pouvoir imprimer privativement à tous aultres : «les *trois livres de Sagesse* et plusieurs aultres petits discours chrestiens», le tout composé par ledict sieur de Charron. Et a esté conveneu et accordé que ledict de Millanges ne pourra réimprimer les œuvres qui sont ja imprimées ou sur la presse qu'il n'en advertisse trois moys par avant le sieur de Charron pour sçavoir de luy s'il y conviendra rien adjouster.

Comme par ci devant a esté accordé qu'au cas que ledict sieur de Charron voulut faire réimprimer lesdictes œuvres parce qu'il les auroit augmentées ou en icelles changé ou corrigé quelque chose, en ce cas ledict sieur de Charron en advertira illec Millanges, aussy trois moys par avant auquel sieur de Millanges sera loysible en cedict cas de prendre sur soy ladicte impression ou la reffuzer ; et, en cas de reffuz, ledict sieur de Charron le pourra faire imprimer par ung aultre et ne pourra ledict sieur de Millanges se servir, en ce cas, du susdict previlege, o la charge que sy il restoyct entre les mains dudict sieur Millanges plus de cinquante exemplaires de la première impression, ledict sieur de Charron luy payera tout le surplus, au dessus de cinquante, à raison de ce qui en feuilhe se vend entre libraires.

Mais a esté en oultre accordé qu'à chaque impression et edition nouvelle desdictes œuvres ledict Millanges sera tenu en bailher audict sieur de

Charron, sçavoir : à la première impression, cinquante exemplaires, et, à chacune des autres, trente, le tout partye relié et partye en blanc.

Dont du tout les parties m'ont requis acte que lur ay octroyé par la presante. Pour lesquelles entretenir elles ont obligé et obligent, l'une envers l'aultre, tous et chascuns leurs biens qu'elles ont soubzmis aux rigueurs de justice.

Faict à Bourdeaux, dans la maison de Monsieur Maistre Thibaud de Camain, conseiller du Roy en la cour, parroisse Sainct-Project; ez presances de Jehan L'homme et Jehan Guay, praticiens, habitans dudict Bourdeaux.

S. Charron, contractant; S. Millanges, contractant;
Guay, present; J. L'homme, present;
Dusault, notaire royal.

[Arch. dép. de la Gironde, série E, Notaires, minutes de Pierre Dusault, notaire à Bordeaux, année 1601.]

II

Traité passé entre le Père Louis Richeome et Simon Millanges
pour l'impression de la Saincte Messe, *etc.*

11 mai 1600.

Pardevant moy Pierre Bouhet, notaire et tabellion royal et garde-notes hereditaire en la ville et cité de Bourdeaulx et senneschaussée de Guienne, presans les tesmoings soubz nommez, a compareu en sa personne reverend pere Loys Richeome, religieux de la Compaignie de Jésus, resident de present au Colleige de ladicte Compaignie estably en la present ville, lequel de son bon gré et vollunté a dict et decleré que le Roy, par ces lettres patantes données a Paris le dix neufviesme jour de septiembre mil cinq cens nonante huict, luy a permis de choisir et commectre telz imprimeurs ou libraires que bon luy semblera pour fidellemment imprimer tous et chescuns ses livres consernans la foy et relligion catholicque et autres œuvres par luy faictes et composées et qu'il pourra cy-après faire et composer, avec deffences expresses à tous imprimeurs, libraires et autres quelquonques de ce Royaulme d'imprimer, vendre, ny exposer en vente les susdictz livres, si non ceulx qui auront estés imprimés par la permission et consentement dudict Richeome, aux peynes portées par lesdictes patentes.

A ceste cause ledict reverend pere Loys Richeome en ensuyvant la teneur desdictes patantes a permis et permect par ces presantes à Maistre Simon Millanges, imprimeur ordinaire de Sa Majesté en ceste ville, d'imprimer, vendre et exposer en vente le livre intitulé : *La Saincte Messe declairée et deffendue contre les erreurs sacramentaires de nostre temps ramassez au livre de l'Institution de l'Eucharistie de Duplessis,* par luy composé, et cependant le temps et terme de trois ans à compter du jour d'huy.

Et à ces fins luy a cédé et transporté le mesme pouvoir et privilege que Sadicte Majesté luy a donné par lesdictes patantes en ce que conserne ledict livre seullement, voulant et consantant que ledict Millanges se puisse servir dudict privilege, pendant lesdictz trois ans, pour empescher que aulcun autre imprimeur ne puisse imprimer ledict livre; laquelle permission, cession et transport ledict Millanges, illec present en sa personne, a stipullé et accepté et du tout m'a requis acte que je luy ay octroyé pour le deub de mon office.

Faict audit Bourdeaulx, dans ledit Colleige, le unziesme jour du moys de may mil six cens après midy, ez presances de Jehan Faure et Loys de la Fargue, praticiens, habitans dudict Bourdeaulx, tesmoingts à ce appellez et requis, lesquelz avec lesdictes parties se sont cy soubz signez.

Richeome ; S. Millanges ; de Lafargue ;
Bouhet, notaire royal.

[Arch. dép. de la Gironde, série E, Notaires, minutes de Pierre Bouhet, notaire royal à Bordeaux.]

III

Traité passé entre le Père Richeome et Millanges pour l'impression de la Plainte appologeticque au tres chrestien Roy, *etc.*

19 décembre 1602.

Du jeudy dix neufviesme du moys de decembre mil six cens deulx, avant midy,

Par devant moy Pierre Bouhet, notaire et tabellion royal en la ville et cité de Bourdeaulx et seneschaussée de Guyenne et les tesmoings soubz nommez, a esté present en sa personne reverend pere Loys Richeome, prebstre, religieux de la Compaignie de Jesus, de present residant au Colleige de ladicte Compaignie estably audict Bourdeaulx, lequel de son bon gré et vollunté a ceddé et transporté par ces presantes à Maistre Simon Millanges, imprimeur ordinaire pour le Roy audict Bourdeaux, illec present, stipullant et acceptant, le mesme pouvoir que le Roy luy a baillé par ces lettres patentes données à Paris le dixneufviesme jour de septembre mil v^e nonante huict, et suyvant icelles a permis et permect audict Millanges d'imprimer fidellement, vendre et exposer en vente, ainsin qu'il verra estre affaire, le livre que ledict sieur de Richeome a composé, intitulé :

Plainte appologeticque au très chrestien Roy de France, pour ledict livre seulement et nòn aultrement ; et ce, pour le terme et temps de quatre ans prochains venans à compter du jour d'huy et finissant à mesme jour. Voulant et consentant que ledict Millanges se puisse servir et ayder dudict privilege pendant ledict temps de quatre ans pour empescher que aulcun aultre imprimeur ne puisse imprimer ledict livre que par son congé et permission, tout ainsy que ledict sieur de Richeome feroyt et pourroyct faire en vertu desdictes patentes.

Et, à ces fins, ledit Millanges, en ce qui concerne ledict livre, seulement, demeure subrogé au lieu et droict dudict sieur de Richeome.

Dont et de laquelle permission et subrogation ledict Millanges m'a requis acte, pour luy valoir et servir en temps et lieu que de raison, que je luy ay octroyé pour le deub de mon office.

Ce fut faict et passé audict Bourdeaulx, dans ledict Colleige, ez presences de Jehan Roy et Bernard Grenier, clercs, habitans dudict Bourdeaulx, tesmoingz à ce requis, lesquelz avec lesdictes partyes se sont soubz signez.

Richeome ; S. Millanges ;
J. Roy, present ; Grenier, present ;
Boubet, notaire royal.

[Arch. dép. de la Gironde, série E, Notaires, minutes de Pierre Bouhet, notaire à Bordeaux.]

IV

Traité passé entre le Père Richeome et Millanges pour l'impression du Pellerin de Lorrette.

3 décembre 1603.

Aujourd'huy mercredy troysiesme du moys de decembre mil six cens troys, avant midy,

Pardevant moy Pierre Bouhet, notaire et tabellion royal en la ville et cité de Bourdeaulx et seneschaussée de Guyenne, presens les tesmoingz soubz nommez, a esté present en sa personne reverend pere Loys Richeome, prebstre, religieux de la Compaignie de Jesus, de present demeurant au Colleige de ladicte Compaignie estably en ceste ville de Bourdeaulx, lequel de son bon gré et volunté a cedé et transporté par ces presentes à Maistre Simon Millanges, imprimeur pour le Roy en ceste ville et y demeurant en la paroysse Sainct-Eloy, illec present, stipullant et acceptant, c'est assavoyr le mesme pourvoyr que Sa Majesté a donné au dict reverend pere Richeome par ses lettres patentes du dix neufviesme de septembre mil cinq cens nonante huict, et, suyvant icelles, a permis et permet audict Millanges d'imprimer fidellement, vendre et exposer en vente, ainsy qu'il verra estre affaire, le livre que ledict reverend pere a composé, intitulé : *le Pellerin de Lorrette*, et ce, pendant le temps et terme de six ans prochains venans à compter du jour que ledict Millanges l'aura achevé d'imprimer et finissant à mesme jour.

Voulant et consentant que ledict Millanges se puisse servir et ayder dudict privilege pendant lesdictz six ans pour empescher que aulcun aultre imprimeur ne puisse imprimer ledict livre que par le congé et permission dudict Millanges tout ainsy que ledict de Richeome eust faict ou peu faire avant la presante cession, en vertu desdictes patentes, et, pour cest effect seullement, a mis et mect et subroge ledict sieur de Millanges en son lieu, droict et place.

Et, ce toutefoys, sous la mesme charge, pacte et condition que ledict reverend pere a cy devant faict imprimer son livre intitulé : *Les tableaux sacrés*, par le sire Laurens Sauvins, marchand libraire de Paris, l'an mil six cens un, et aussy avec pacte et condition expresse qu'advenant que ledict reverend pere Richeome se trouvast cy après en un aultre lieu ou qu'il feist imprimer toutes ses œuvres en un volume et que ledict Millanges ne peust ou ne vouleust l'entreprendre, eu ce cas il sera loisible et pourra ledict sieur reverend pere faire imprimer ledict *Pellerin* à part, sy bon luy semble, ou avecq toutes ses œuvres à tel aultre imprimeur ou imprimeurs que bon luy semblera. Et avecq les susdictes conditions ledict reverend pere a declairé faire audict Millanges ladicte cession dudict privilege et non aultrement.

Dont et de tout ce que dessus lesdictes partyes m'ont requis acte pour leur servir en temps et lieu que de raison, que je leur ay octroyé pour le deub de mon office.

Ce fut faict et passé audict Bourdeaulx, dans ledit Colleige, ez presances de Jehan Roy et Bernard Grenier, clercs, habitans dudict Bourdeaulx, tesmoings à ce requis.

S. Millanges ; Richeome ;

J. Roy, present ; Grenier, present ;

Bounet, notaire royal.

[Arch. dép. de la Gironde, série E, Notaires, minutes de Pierre Bouhet, notaire à Bordeaux.]

V

Cession de cabal, sorte de traité d'association pour la vente des livres, con-
sentie par Simon Millanges en faveur de Claude Mongiron et d'Antoine
Girard, marchands libraires, natifs de Lyon.

27 octobre 1606.

Sachent tous presans et advenir que aujourd'huy datte de ces presantes
pardevant moy Pierre Bouhet, notaire et tabellion royal et gardenothes
hereditaire en la ville et cité de Bourdeaulx et seneschaussée de Guienne,
presans les tesmoings soubz nommés, a esté present en sa personne Maistre
Simon Millanges, bourgeoys dudict Bourdeaulx et imprimeur pour le Roy
en ladicte ville, y demeurant en la paroisse de Sainct-Eloy, lequel de son
bon gré et volonté a bailhé et bailhe par ces presantes, à tiltre de cabal, à
Anthoyne Girard et Claude Mongiron, marchans libraires, natifz de la ville
de Lion, à present residans en ceste ville et parroisse susdicte, illec presans, stipullans et acceptans, c'est assavoir son cabal, lequel consiste en
grand nombre de livres applain specifiiez, nommez et appreciez entre ledict
Millanges et lesdictz Girard et Mongiron par l'inventaire et recognoissance
qui en a esté entre eux faicte, lequel inventaire a esté par eux signé, duquel est demeuré coppie par devers lesdictz facteurs, chascune coppie est
dhuement signée tant par ledict Millanges que par lesdictz facteurs et de
moy notaire, *ne varietur*.

Plus ledict cabal consiste aussy en deux mil quatre cens livres tournoys
que ledict Millanges a promis et sera tenu bailher et mettre ez mains desdictz facteurs, scavoir : douze cens livres dans douze jours prochains et les
aultres douze cens livres dans deux moys et demy aussy prochains venans,
l'un terme ne retardant pour l'aultre, à peyne de tous despens, donmaiges
et interestz, le tout pour employer en achapt de livres telz que lesdictz
facteurs cognoistront estre necessaires pour l'assortiment dudict cabal, lequel consiste aussy pareilhement en livres de l'impression dudict Millanges,
aultres que les nommez audict inventaire, jusques à la valleur et concur-
rance de troys mil livres tournoys, lesquelz ledict Millanges promect leur
rendre à Paris et Lion pour estre changés en telz aultres des impressions
faictes ausdictes villes de Paris et Lion, que lesdictz facteurs cognoistront
estre vendables et de bonne debite. Ce qu'estant effectué par ledict Millanges, lesdictz facteurs seront tenus luy bailher escript signé de leur main
contennant la reception de ladicte somme et desdictz livres et de faire
mention du tout à la fin du susdict inventaire, et ce, pour dudict en joyr
par lesdictz Girard et Mongiron pendant le temps et espace de troys ans
prochains et consecutifs l'un après l'aultre, sans intervalle de temps, qui
commencent dès le seiziesme du present moys d'octobre et finissent à

mesme jour, lesdictz troys ans escheuz et finis et revoleus aux pactes et conditions que s'ensuyvent :

Premierement lesdictz facteurs seront tenus servir, honorer et respecter ledict Millanges, sa famme et famille, procurer son bien, profflict et honneur et ne permettre aulcun mal, donmaige ny deshonneur en sa maison.

Et pour le regard du profflict qu'il plaira à Dieu leur donner dudict cabal pendant lesdictz troys ans a esté accordé que le profflict sera à la fin d'icelluy partaigé moictié par moictié et mis en deux lotz, desquelz ledict Millanges en aura l'un, à son choix, et lesdictz facteurs l'aultre. Comme aussy la perte sy elle y eschoit, que Dieu ne veuille, sera moictié par moictié entre ledict sieur de Millanges et facteurs. Et seront tenus iceux facteurs evicter toutes desbauches, comme jeux, pailhardize, blafemes et toutes aultres mauvaises compaignies. Et, où ils contreviendroient, a esté accordé qu'ilz seront et demeureront privés tant dudict cabal que profflict d'icelluy, duquel en ce cas ledict Millanges pourra faire et disposer à sa volonté, sans aulcune figure de procès, estans préalablement lesdictz facteurs atteinctz et convaincus de ladicte contravention.

Item a esté aussy accordé que pendant ledict temps il y aura un coffre dans la chambre dudict Millanges qui fermera a deux clefz differantes l'une de l'aultre, desquelles ledict Millanges en aura l'une et lesdictz facteurs l'aultre, dans lequel coffre sera mis l'argent qui se recevra chascune semaine en la bouticque dudict Millanges, dans lequel coffre il y aura aussy un livre de caisse auquel sera escript, par chascun d'eux. ladicte recepte par un cousté du feuilhet, et, par l'aultre cousté, la mise à quoy et pourquoy elle aura esté employée.

Pareilhement a esté accordé que, s'il advenoyt aulcun different entre ledict sieur Millanges et lesdictz facteurs, seront tenus de s'accorder chascun de deux notables marchans de mesme vacation entre les mains desquelz leur differant sera mis pour estre decidé entre eux, si faire se peult. Pendant lequel temps ledict cabal s'exercera et debitera dans la maison et bouticque dudict Millanges, en laquelle il faict de present sa residence.

Et ledict Millanges sera tenu de nourrir et entretenir lesditz facteurs avecq un serviteur et apprentis et ses chambrieres, le tout dans sadicte maison, blancqs et netz couchés, et levés à l'ordinaire de sadicte maison, o la charge que lesditcz facteurs seront tenus de payer, par chascun an, audict Millanges, tant pour leur pention et nourriture que pour le louage de ladicte bouticque, la somme de huict cens livres tournoys par chascun desdictz troys ans, laquelle lesdictz facteurs seront tenus payer audict Millanges quartier par quartier et au commencement de chascun d'iceux, revenant chascun quartier à la somme de deux cens livres tournoys, l'un terme ne retardant pour l'aultre, aussy à peyne de tous despans, dommaiges et interestz; et sera ladicte somme desduicte et defalquée sur le profflict dudict cabal par commun.

Et si ladicte pention est trouvée trop grande et excessive, dans six moys ou un an, ledict Millanges sera tenu en rabatre ce qui sera advisé par deux hommes de bien. Aussy lesdictz facteurs seront tenus de l'augmanter si elle se trouve trop petite; moyennant laquelle dicte somme de huict cens livres lesdictz facteurs ne seront tenus payer aulcunes tailles, emprunts, subcides, ny aultres charges de ladicte maison, ains le tout sera payé sur le proffict dudict cabal, en commun.

Et, pour le regard des gaiges qu'ilz promettront aux serviteurs qu'ils prendront pour faire valoir ledict cabal, seront tenus iceulx facteurs leur payer ensemble la pention de ceux qu'ils prendront, oultre celluy que ledict Millanges promect de nourrir sur ladicte pention, le tout sur le proffit dudict cabal.

Et, en oultre, seront aussy tenus de payer sur ledict proffit toutes les estoffes qu'il faudra achepter pour la relieure des livres, ensemble lesdictes relieures, celles qui se fairont hors la maison dudict Millanges.

Et pour le regard des sommes qui se recevront des apprentys pendant lesdictz troys ans, seront mises dans la masse dudict cabal. Et ne pourront lesdictz facteurs, durant ledict temps, prendre aulcuns serviteurs, apprentis et servantes, sans le gré et consentement dudict Millanges.

Item a esté aussy accordé que sy, pendant lesdictz troys ans, lesdictz facteurs ou l'un d'eux tumbe mallade et que en leur malladie il leur convienne avoir vivres extraordinaires, medecins et medecines, que le tout sera aux propres et particuliers despans de celluy qui sera mallade.

Aussy a esté accordé que lesdictz facteurs se contenteront pour leur nourriture des vivres ordinaires de la maison dudict Millanges, et qu'ilz ne pourront mener ou inviter aulcune personne en ladicte maison, soyt en la presance ou absence dudict Millanges, sans son gré et consentement. Et, où ils feroient du contraire, la despense qu'ilz feront sera à leurs despens, qu'ilz seront tenus de payer audict Millanges sans s'en faire debiteurs sur le livre de raison.

Item est aussy accordé que tout l'argent qui faira besoing audict Millanges pour son entretenement d'acoustremens et de sa famille et pour lesditz facteurs que le tout sera prins sur ledict cabal, escript sur le livre de raison, et en faire chascun conte à part pour s'en rembourcer les uns aux aultres à la fin desdictz troys ans. Toutesfoys est expressement accordé que lesdictz facteurs ne pourront prendre pour leurdict acoustrement par chascun an que la somme de vingt escuz sol par chescun, qui revient pour tous deux à la somme de six vingt livres tournoys.

Toutes les depenses extraordinaires comme baptesmes et aultres banquets se fairont de celluy qui les faira et non dudict cabal.

Seront aussy tenus lesdictz facteurs faire chascun une recognoissance dudict cabal ou toutesfoys et quantes que bon semblera audict Millanges.

Item ne pourront lesdictz facteurs achepter en la presant ville aulcunes marchandises ny faire aulcunes carguesons et voyages sans l'advis et vouloir dudict Millanges, et lorsqu'ilz en feront quelqu'un sera faict bordereau de l'argent que celluy quy fera ledict voyage emportera, lequel bordereau sera mis dans ledict coffre pour en estre rendu conte au retour de son voyage. Et, si pendant l'absence dudict Millanges lesdictz facteurs truvent commodité d'achepter des marchandizes de leur estact, le pourront faire jusques à la concurrence de la somme de troys cens livres tournoys, sans attendre le congé dudict Millanges.

Aussy ne pourront lesdictz facteurs empromter ny engager ledict cabal d'aulcune somme de deniers ny prester aulcunes marchandizes ny argent, sans le consentement dudict Millanges. Et, où lesdictz facteurs ou l'un d'eux feroyent le contraire, le tout sera mis sur le conte de celluy qui le faira.

Item lesdictz facteurs ne pourront faire aulcun commerce ny traficq pour eux particulierement, ains le tout sera et demeurera au proffict dudict cabal. Aussy ledict Millanges ne pourra prendre aulcuns livres dudict cabal pour envoier en aulcun lieu, sans le consentement desdictz facteurs.

Item ledict Millanges c'est reservé et reserve par exprès, pour l'entretenemant de son imprimerie et aultres affaires particulieres, tout l'argent que lesdictz facteurs recevront des livres de classe qui se vendront aux escolliers de la premiere, seconde, troysiesme, quatriesme, cinquiesme et sixiesme classe des colleiges, sans que lesdictz facteurs y puissent pretandre aultre droict que un sol pour livre, qu'est troys solz pour eux, qui se recevra desdictz livres, ce que lesdictz facteurs retiendront pour eux et pour s'entretenir d'acoustremens sans le joindre audict cabal. Et, pour la relieure desdictz livres de classe qui se relieront par lesdictz facteurs, leurs compaignons et apprentis, ledict Millanges les paiera raisonnablement et tout ce qu'il leur en payera sera joint audict cabal.

Item a esté aussy accordé que sy pendant lesdictz trois ans ledict Millanges a besoing d'argent, pour faire ses aultres affaires particulieres, luy sera loysible de prendre ce qu'il en aura besoing, en s'en chargeant sur le livre de raison, et à la charge de le rendre toutesfoys et quantes que lesdictz facteurs en auront besoing pour l'assortiment dudict cabal et achapt de livres.

Et sy, à la fin desdictz troys ans, il se trouve en faisant la recognoissance dudict cabal que ledict Millanges aye heu et employé en ses affaires particulieres l'argent qui aura esté receu de la vente des livres dudict cabal et que, par ce moyen, il ne s'en truve pour estre rendu ausdictz facteurs pour leur part du gaing qui se trouvera estre faict, en ce cas ledict Millanges sera tenu de rembourser ausdictz facteurs leur part dudict argent, si ledict cabal payé et remis entre les mains dudict Millanges il y a argent à partir entre icelluy Millanges et lesdictz facteurs.

Et, lesdictz troys ans escheuz, ledict Millanges reprendra sondict cabal, scavoir est pour ses fons en livres qui resteront à vendre et ceux qui sont nommés audict inventaire, et ce, aux mesmes prix qu'ilz sont taxés par icelluy, plus en telz autres livres qu'il voudra choisir de ceux que lesdictz facteurs achepteront cy après et à prix d'achapt ou en argent et de blés, le tout à son choix, sans que ledict cabal soyt plus en debte qu'il est à present.

Item ne pourront lesdictz facteurs pendant lesdictz troys ans se marier ni quitter ledict cabal jusques à la fin d'iceux. Et, où ils feroient du contraire, seront tenus de payer audict Millanges, de leurs propres deniers, la somme de six cens livres tournoys pour tous les dommaiges et interestz que ledict Millanges pourroyt souffrir; de laquelle somme ledict Millanges sera payé, sans figure de procès, auparavant que lesdictz facteurs puissent intenter action contre luy, et sans lequel pacte ledict Millanges n'auroyt faict ladicte baillette.

Durant lequel temps icelluy Millanges sera permis et sera tenu faire et laisser joyr lesdictz facteurs du susdict cabal aux pactes et conditions cydessus declairées, et lesdictz facteurs ont aussy promis bien dhuement regir et gouverner ledict cabal et faire leur debvoir pour le proffict et augmentation d'icelluy, le tout en bon pere de famille et à peyne de tous despens, dommaiges et interestz.

Et pour entretenir tout le contenu cy dessus de poinct en poinct selon sa forme et teneur, lesdictez partyes en ont obligé et obligent, l'une envers l'aultre, scavoir lesdictz facteurs par exprès ledict cabal, ensemble l'un pour l'aultre et un seul pour le tout, renonçant au benefice et ordre de division et discussion, tous et chascuns leurs biens tant meubles qu'immeubles presans et advenir quelzconques, et ledict Millanges aussy tous et chascuns ses biens meubles et immeubles presans et advenir quelzconques, qu'ilz ont le tout pour ce soubzmis et par exprès lesdictz facteurs leurs personnes à la rigueur du Garde et Executeur, l'exécution de l'une voye ne cessant pour l'autre, et ont renoncé et renoncent à tous moyens et remedes par lesquelz ils pourroient venir ou faire venir au contraire; et ainsy l'ont promis et juré en leur foy et serment faire et accomplir.

Ce fut faict et passé audict Bourdeaux, dans la maison dudict sieur de Millanges, le vingt-septiesme jour du moys d'octobre mil six cens six après midy, ez presances de Jehan Dache, marchand libraire, Loys Tufereau, praticien, habitans dudict Bourdeaux, tesmoings à ce appellés et requis, lesquelz avecq lesdictes partyes se sont cy soubz-signées.

S. Millanges; A. Girard; C. Mongiron;
J. Dache; Tufereau, présent;
Bouhet, notaire royal.

[Arch. dép. de la Gironde, série E, Notaires, minutes de Pierre Bouhet, notaire à Bordeaux.]

VI

*Contrat de mariage
de Claude Mongiron, marchand libraire, avec Anne Millanges.*

18 octobre 1609.

In nomine Patris et Filii et Spiritus Sancti, Amen.

Sachent tous presens et advenir que aujourd'huy dacte de ces presentes
par devant moy Pierre Bouhet, notaire et tabellion royal et garde-nothes
hereditaire en la ville et cité de Bourdeaulx et seneschaussée de Guienne,
presens les tesmoings soubz nommés ont esté presens en leurs personnes
Claude Mongiron, marchand libraire de ceste ville y demeurant en la
paroisse Sainct-Eloy, natifz de la ville de Lion, filz naturel et légitime de
honorable homme Anthoyne Mongiron, bourgeoys de ladicte ville de Lion,
et de honorable femme Léonarde Gynet, son espouze, d'une part;

Et Anne Millanges, filhe naturelle et legitime de Maistre Simon Millanges, bourgeoys dudict Bourdeaulx et imprimeur pour le Roy en ladicte
ville, et de honorable femme Gailharde Dusault, son espouze, aussi habitans en ladicte parroisse Sainct-Eloy de ladicte ville, d'aultre;

Lesquelles partyes, de leur bon gré et volonté, ledict Claude Mongiron
faisant avecq le voulloir, congé, licence et authorité desdictz Anthoyne Mongiron et Léonarde Gynet, sesdictz pere et mere, ainsy que dudict vouloir et
authorité par eux accordé pour faire et passer le contenu en ces presentes
il a faict aparoir par contract passé en ladicte ville de Lion, dacté du quinziesme jour du moys de may dernier passé, an present mil six cens neufz,
signé Faure, notaire et tabellion royal audict Lion.

Et ladicte Anne Millanges faisant aussy avecq le vouloir, congé, licence
et authorité desditz Maistre Simon Millanges et Gailharde Dusault, sesdictz
pere et mere, tous deulx illec presens en leurs personnes qui l'ont bien et
deuhement anthorizée et authorisent pour faire et accorder le contenu au
present contract, et de l'advis et conseilh de Monsieur Maistre Jehan Olivier
Du Sault, conseiller du Roy et son advocat general en sa cour de parlement de Bourdeaulx; Michel Lucas, chanoyne en l'esglize Sainct-André de
ladicte ville; Denis Du Sault, chanoyne en l'esglice cathedrale Dacqes;
Noël Legier Du Sault, conseiller, magistrat presidial en Guienne; Pierre
Dusault, procureur en Guienne et notaire royal; Pierre et Guillaume Pascault, freres, bourgeois et marchands dudict Bourdeaulx, tous proches
parens de ladicte future espouze.

Ont promis et promectent lesdictz Mongiron et ladicte Anne Millanges
eux prendre l'un et l'aultre pour mary et femme expous et entr'eux so-
lempnizer le sainct sacrement de mariage en face de nostre mère la Saincte-
Esglize catholicque, apostolicque et romayne, toutesfoys et quantes que l'un
d'eux en sera sommé et requis par l'aultre ou par leurs parans et amys.

En faveur duquel mariage et pour ayder à supporter les charges d'icelluy, lesdictz Maistre Simon Millanges et Gailharde Dusault, conjoinctz ont constitué en dot à ladicte Anne Millanges, leurdicte fille futeure espouze, sur tous et chescuns leurs biens conjoinctement presans et advenir quelzconques la somme de troys mil livres tournoys, de laquelle en sera bailhé et payé audict Claude Mongiron futeur espoux la moytié qu'est quinze cens livres tournoys, quinze jours auparavant la solempnization de leurs nopces, et les aultres quinze cens livres restantes luy scront bailhées et payées en marchandize de librairie dont uze et traficque ordinairement ledict Millanges, telz que bon semblera audict Mongiron de prendre et choisir parmy la marchandize de librairie dudict Millanges, et ce, à prix de port, sans qu'il soyt tenu les prendre à plus hault prix, dans quinze jours apres leurs nopces faictes, l'un terme et payemant ne retardant pour l'aultre, à peyne de tous despanz, dommaiges et interestz. Et laquelle somme de trois mil livres tournoys ledict Mongiron futeur espoux a dès à present, de son bon gré, comme dès lors qu'il la recevra et dès lors comme dès à present recongneue et assignée, recognoist et assigne à ladicte Anne Millanges sur tous et chescuns ses biens tant meubles que immeubles presens et advenir quelzconques, mesmes sur la tierce partye des biens à luy donnés par ledict Anthoyne Mongiron, sondict père, suyvant la donnation qu'il luy a faicte de ladicte tierce partye, contenue et mentionnée par ledict contract d'authorisation susdacté, et en oultre tout le cabal dudict Mongiron, qu'il a et pourra avoyr par cy après, sera et demeurera, comme il est et demeure dès à présent, par exprès obligé, affecté et ypotecqué à ladicte Anne Millanges pour l'assurance de sondict dot.

Item a esté acordé que le survivant desdictz futurs conjoinctz gaignera sur les biens du premier decedé la somme de mil livres tournoys; et, où le predecès dudict futur espouz adviendroict, ladicte Anne Millanges, futeure espouze, aura droict et retention de tous les biens d'icelluy futeur espoux, et joyra et fera les fruitz siens, jusques à ce qu'elle soyt bien payée et satisfaicte tant de sondict dot que dudict gaing nuptial, sans néaulmoings que ladicte jouissance et usuffruict luy soyt, ne puisse estre precomptée en son principal ny reputée à uzure.

Item lesdictz futeurs conjoinctz se sont assotiés et assotient par ces presantes l'un à l'aultre, moytié par moytié en tous et chescuns les acquestz et biens tant meubles que inmeubles, droicts, noms, raisons et actions que Dieu leur fera la grace de pouvoir gaigner et acquerir pendant et constant leur present mariage, s'il y a poinct d'enffenz; et, s'il y des enffenz, tous lesdictz acquestz seront, demeureront et appartiendront ausdictz enffenz, pour en jouyr après le decès desdictz futeurs conjoinctz.

Toutesfoys est accordé que chescun d'iceux futeurs conjoinctz pourra advantager un ou plusieurs de leurs enffenz, descendans d'eux, desdictz acquestz ou de partye d'iceux.

Et, où il n'y auroit poinct d'enffenz est aussy convenu et accordé que chescun desdictz futeurs conjoinctz pourra faire et dispozer de sa part et moytié desdictz acquestz, comme bon luy semblera.

Item ledict futeur espoux sera tenu et a promis habilher ladicte futeure espouze, le jour de ses fiensailhes, à ses despans, et lesdictz pere et mere d'icelle futeure espouze seront tenus de l'habilher, le jour des nopces, honestement selon leur qualité.

Item toutes les bagues et joyaux qui seront bailhés à ladicte futeure espouze, avant et après leurs nopces, seront à elle propres pour en faire et dispozer à sa volonté.

Et pour entretenir le contenu au present contract lesdites partyes contractantes, chescune pour son regard et en ce que leur concerne, en ont obligé et obligent, l'une envers l'aultre, leurs personnes et biens meubles et immeubles, presens et advenir quelzconques, qu'ilz ont pour ce soubmis, et ont renoncé à tous moyens par lesquelz ils pourroient venir ou faire venir au contraire, et ainsy l'ont promis et juré, en leur foy et serment, faire et accomplir.

Ce fut faict et passé audict Bourdeaulx, dans la maison dudict Millanges, le dix huictiesme jour du moys d'octobre mil six cens neuf après midy, ez presances de Monsieur Maistre Martial Mosnier, advocat en la cour du parlement dudict Bourdeaux, et Pierre de Locgrate, garde du scel de la Rigueur de la presante ville; Guillaume Pascault, bourgeoys et marchand de Bourdeaux, et Jehan Dache, marchand libraire, et Pierre Pascault, tesmoings à ce appellés et requis :

J. Dusault; Legier Dusault; C. Mongiron; Anne Millanges; S. Millanges; Pascault; De Locgrate; Lucas; Dusault; G. Pascault; J. Dache; Mosnier; Dusault.

Bouhet, notaire royal.

[Arch. dép. de la Gironde, Série E, Notaires; minutes de Pierre Bouhet, notaire à Bordeaux.]

VII

Cession par Millanges de son imprimerie et de son commerce de librairie en faveur de son fils aîné Jacques Millanges et de son gendre Claude Mongiron, pour deux ans.

31 octobre 1614.

Sachent tous presens et advenir que aujourd'hui dacte de ces presentes pardevant moy Pierre Bouhet, notaire et tabellion royal en la ville et cité de Bourdeaux et garde-nothes hereditaire en ladicte ville et senneschaussée de Guienne, presens les tesmoings bas nommés ont esté presens en leurs personnes :

Maistre Simon Millanges, bourgeoys et imprimeur du Roy en la present ville, faizant pour luy et les siens à l'advenir d'une part,

Et Maistre Jacques Millanges, filz aisné dudict sieur Millanges, et sieur Claude Mongiron, son gendre et beau-frère dudict Jacques Millanges, d'aultre,

Comme soyt ainsin que ledict Millanges pere, se sentant vieux et fort cassé, dezirant mettre sa vieillesse en repos, estimant ne le pouvoir mieulx faire qu'en se deschargeant de la peyne et du soing qu'il fault avoir et prendre pour bien conduire une imprimerie, telle que la sienne, et manier ung grand cabal de libres, c'est pour quoy, ayant cogneu des long temps la fidellité de sondict gendre et voyant sondict filz plain d'envye de faire valloir son cabal et imprimerie, se resolust enfin de leur faire entendre sa rezolution et son intencion, laquelle ayant approuvé ils firent avecq luy l'inventaire et recognoissance dudict cabal quy s'est trouvé monter trente mil huict cens soixante dix neuf livres dix solz y compris cinq mil livres dhues audict Mongiron pour sa part du proffict qu'il avoyt faict audict cabal pandant la societté par cy devant faicte entre ledict Millanges père et ledict Mongiron; ensemble troys mille livres dheubz audict Mongiron du dot à luy constitué par ledict sieur Millanges à Anne Millanges sa fille savoir : quinze cens livres en argent et aultres quinze cens livres en libres suivant son contract de mariage, laquelle recognoissance ayant esté ainsin accordée entre les partyes et ledict sieur de Millanges pere percistant tousjours en son intencion de se descharger du maniment de sondict cabal, et lesdictz Jacques et Mongiron, son filz et gendre, de l'accepter, sont aujourd'huy lesdictes partyes demeurées d'accord des articles quy s'en-suivent :

Premierement a ledict Millanges père, de son bon gré et vollonté bailhé et bailhe par ces presantes ausdictz Jacques Millanges et Claude Mongiron, son filz et gendre, presens et acceptans et assotiés audict effect, sondict cabal montant à la susdicte somme de trente mil huict cens soixante dix neuf livres dix solz, suivant la susdicte recognoissance du quinziesme may dernier signée de toutes les partyes.

Plus a bailhé ledict Millanges en mesme maniement tous les libres de classe à plain speciffiés par aultre inventaire sur ce faict et signé aussy desdictes partyes.

Plus leur a bailhé en mesme maniement son imprimerie consistant en quatre presses, grand nombre de caysses et manecquins plains de lettres d'imprimerie et caractères en grand nombre grecqs et latins de plus de dix huict sortes differentes tant ez grandeur qu'espece. Et a promis et sera tenu ledict Millanges leur fournir les matrices et moulles desdictes lettres necessaires pour les reffondre lorsqu'il en sera besoing.

Lequel baille, maniement et administration dudict cabal icelluy Millanges a faict audict Jacques Millanges sondict fils et audict Claude Mongiron pour en jouyr tous deux conjoinctement, à moytié du proffit quy en pourra provenir pendant ledict temps et space de deux années prochaines et consecutives l'une après l'aultre, quy ont commancé dès le quinziesme jour dudict present mois et an et finiront à mesme jour que l'on comptera mil six cens seze, aux qualités, pactes et conditions qui s'ensuivent :

Savoir est que ledict Millanges filz et Mongiron preneurs seront et demeureront, comme ils sont et demeurent, assotiés moytié par moytié au proffit ou perte qui pourroit advenir sur ledict cabal, que Dieu ne veuille, lequel cabal ils seront tenus faire valoir à leur proffit en la mesme bouticque et imprimerie que ledict sieur de Millanges pere a tousjours faict.

Et à ces fins est accordé que ledict sieur de Millanges pere leur bailhera et laissera pendant ledict temps de deux ans tout le corps de logis que tient à present ledict Mongiron, saufz la chambre en laquelle couchent et estudient les aultres jeunes enfans dudict sieur Millanges avec leur precepteur. Et oultre leur bailhera et laissera ladicte bouticque de sa grand maison et chambres haultes du troysiesme estage d'icelle avecq le grenier quy est par dessus, ensemble tout le corps de logis où est ladicte imprimerie et maguazin, saufz le chay à tenir boys, le tout pour acomoder lesditz preneurs et se loger et aux compaignons, tant imprimeurs que libraires, avecq le grand nombre de lettres et papiers du present cabal et aultres qu'ilz pourront faire imprimer et faire venir d'ailleurs.

Et a declairé ledict sieur Millanges pere à sesditz filz et gendre qu'il est debiteur pour ledict cabal tant aux marchands libraires de Paris, Lion et Genève que aultres, de la somme de cinq mil trente une livres dont il desire s'acquitter. Et à ces fins a bailhé et mis ez mains de sesdictz fillz et gendre pour six mil cinquante livres de cedulles ou aultres partys dhues audict cabal tant en ceste ville, Espaigne et aultres lieux, pour retirer prendre et recevoir lesdictes sommes ou ce qu'ils pourront à leur commodité pour les employer au susdict payement; lesquelles cedulles et partyes ils ont prinses et receues sans que pour raison de ce ils soyent, ne puissent estre tenus ne abstreins d'en faire aulcunes dilligences et qu'aultant que leur commodité et le desir qu'ilz ont de veoir acquitter ledict sieur de Millanges leur permettront. Et enfin luy rendre et restituer lesdictes cedulles et partyes du compte de ce quy en aura esté levé et payé de la susdicte somme de cinq mil trente une livres, ausquelles fins chacune des parties a prins memoires des susdictes debtes.

Et a esté faicte ladicte baillette dudict cabal par ledict sieur de Millanges pere ausdictz Jacques Millanges sondict fils et Mongiron son gendre pour et moyennant la somme de quatre mil livres tournoys qu'ilz seront tenus, comme ilz promettent, bailher et payer audict sieur de Millanges pere chascun an, quartier par quartier et au commencement de chescun d'iceulx, qui sont mil livres tournoys pour chescun quartier qu'ilz payeront par moytié, quy revient à chescun d'eux, pour chescun quartier, à cinq cens livres tournoys, l'un terme ne retardant pour l'aultre, à peyne de tous despens, donmaiges et interestz.

Et a esté accordé que sur ladicte somme ledict Millanges pere sera tenu de faire la despense ordinaire de sa maison et famille sans que lesdictz preneurs, pour raison de ce, soyent tenus de luy bailher aultre chose; et, en ce que concerne la nourriture de chascun compaignon, ilz seront tenus de bailher et payer audict sieur de Millanges pere, par chascun moys, la somme de dix livres tournoys et, en oultre, payer iceux compaignons au boult de chaque moys de leurs gaiges, pour suporter ledict sieur Millanges leur pere en ladicte despense.

Pareilhement a esté accordé que d'aultant que ledict sieur de Millanges pere est teneu de payer audict Mongiron troys mil livres, ainsy que dit est, savoir : quinze cens livres en deniers comptans et le surplus en libres que ledict Mongiron retiendra par chascun quartier sur ladicte somme de cinq cens livres, à quoy monte et revient sa part et moytié de chescun quartier de ladicte somme de mil livres, la somme de deux cens livres tournoys jusques à la fin desdictz deux ans et final payement de ladicte somme de quinze cens livres, comme dict est, payables en libres. Et pour le regard des cinq mil livres cy dessus mentionnées appartenans audict Mongiron, comprins dans le susdict cabal demeureront dans icelluy jusques à la fin desdictz deux ans; et, pour tout le proffict et interestz que ledict Mongiron pourroit pretendre luy estre deub et appartenir, pour raison de ladicte somme de cinq mil livres et quinze cens livres qu'il doibt le tout prendre en libres, ledict sieur de Millanges pere promet et sera tenu bailher et payer, chascun an, audict Mongiron pandant les deux ans la somme de cens livres tournoys.

Et, à la fin desdictz deux ans, lesdictz Jacques Millanges, filz, et Mongiron, gendre, seront tenus comme ils promectent rendre et remettre ez mains dudict sieur de Millanges pere tout le susdict cabal, principal de mesme valeur, et estimation de trente huict mil huict cens soixante dix neuf livres dix solz, en mesme marchandize contenue par l'inventaire qui a esté faict dudict cabal ou aultres marchandizes que lesdictz preneurs pourront luy faire ou parfaire, tant en libres qu'ilz auront fait imprimer qu'en aultres qu'ilz auront achaptés ou fait venir d'ailleurs, aux mesmes prix que les aultres seront apretiés dans ledict inventaire; que pareilhement lesdictz libres de classe par eux prins suivant ledict aultre inventaire ou aultres jusques à la concurrence dudict inventaire, feuille par feuille, pourveu que soyent libres entiers et uzités aux colleges, et n'excedant le nombre et quantité de cinq cens pour sorte.

Aussy seront tenus luy rendre et remettre sesdictes maison et imprimerie et toutes aultres dependances d'iceux en mesme estact qu'ilz sont de present, le tout sans prejudice des droicts et advantages que ledict sieur de Millanges pere a faict audict Jacques Millanges, son filz, par son contract de mariage, auquel iceux Millanges, pere et filz respectivement declairent n'entendre à l'advenir desroger, et aussy sans prejudice audict Mongiron des quinze cens livres quy luy resteront à la fin desdictz deux ans à payer pour sondict dot en marchandize et de ladicte somme de cinq mil livres quy luy est dhue sur ledict cabal en libres prins sur le gaing que ledict Mongiron a cy devant faict avecq ledict sieur de Millanges pere, laquelle somme de cinq mil livres ledict Mongiron sera tenu prendre en libres dudict gaing, lesdictz deux ans espirés, lors de la rediction de compte d'icelluy cabal, pourra le tout prendre et retenir par devers luy, et, ce faisant, sera tenu d'en bailler bonne et vallable quittance et descharge audict sieur de Millanges pere.

Et a declairé icelluy sieur de Millanges pere que ledict Mongiron, son gendre, luy a rendeu bon, loyal et fidel compte de tout le maniement, gestion et administration qu'il a cy devant heu dudict cabal, tant en compaignie d'Anthoyne Girard que despuys estant seul, dont du tout ledict Millanges l'en a quitté et deschargé, quitte et descharge par cez presantes et promect l'en faire tenir quitte et deschargé à jamais envers et contre tous, tant en jugement que dehors, à peyne de tous despens, dommaiges et interestz. Et, moyennant ce, tous les contractz, que pour raison de ce se trouveront avoir esté entre eux faictz, sont et demeurent cancellés et de neul effect et valleur, ensemble toutes cedulles, promesses, obligations et tout ce quy se trouvera ez compte sur leur libre de raison, l'ung contre l'aultre, dont ils se tiennent aussy quittes l'ung à l'aultre, et demeure le tout de neul effect et valleur; et par exprès ledict Mongiron a declairé et confessé avoir esté bien payé et satisfaict par ledict sieur de Millanges pere de la somme de mil livres qu'il debvoyt audict Mongiron, comme appert par le dernier contract de baillette entre eux faict dudict cabal dudict sieur Millanges, laquelle somme ledict Mongiron a declairé avoir employée en achapt de meubles à luy necessaires.

Toutes lesquelles choses susdictes ont ainsin esté accordées, stipullées et acceptées par lesdictes partyes respectivement, et promis et promectent icelles entretenir, garder et acomplir de poinct en poinct, selon leur forme et teneur.

Et, pour ce faire, ont obligé et obligent, l'une envers l'aultre, tous et chascuns leurs biens tant meubles que immeubles presens et advenir quelzconques qu'ilz ont pour ce soubzmis aux jurisdictions et contrainctes des Cours de Monsieur le Grand Senneschal de Guienne et de Monsieur son lieutenant et de tous aultres sieurs et juges, et ont renoncé à tous moyens et remedes par lesquelz ilz pourroyent venir ou faire venir au contraire. Et ainsin l'ont promis et juré en leur foy et serment faire et accomplir.

Ce fut faict et passé audict Bourdeaux, dans la maison dudict sieur de Millanges, le dernier jour du moys d'octobre mil six cens quatorze avant midy, ez presances de Jacob Virevaloys, marchand libraire de ladicte ville et Helies de Hazera, praticien, tesmoings à ce requis, lesquelz avec lesdictes partyes se sont cy soubz signés :

S. Millanges; Millanges; C. Mongiron;
Virevaloys, present; de Hazera, present;
Bouhet, notaire royal.

[Arch. dép. de la Gironde, série E, notaires, minutes de Pierre Bouhet, notaire à Bordeaux.]

VIII

*Traité passé entre Millanges et un fondeur de Paris
pour la fabrication de lettres d'imprimerie.*

4 octobre 1614.

Du quatriesme du moys d'octobre mil six cens quatorze avant midy,

A esté present en sa personne Nycollas Langlois, maistre fondeur de lettres d'imprimerie, habitant de la ville de Paris, lequel de son bon gré et vollonté a entreprins et promect par ces presantes à Maistre Simon Millanges, bourgeois dudict Bourdeaux et imprimeur pour le Roy en ladicte ville, y demeurant en la parroisse Sainct-Eloy, illecq present, stipullant et acceptant, c'est assavoir : de travailler pour ledict Millanges à faire desdictes lettres pendant le temps et space de deux ans prochains, à commencer du jourd'huy et finissant à semblable jour.

Et, à ces fins, sera tenu de venir faire sa continuelle residence durant ledict temps de deux ans en la present ville, à peyne de tous despens, donmaiges et interestz. Aussy, pendant lesdictz deux ans, ledict sieur de Millanges promect et sera teneu d'entretenir ledict fondeur de toute la bezoigne que tant luy et un compaignon pourront faire, sans que ledict Millanges soyt tenu de fournir le charbon et aultre chose, si ce n'est seullement les matrices et molles des lettres qu'ilz voudront faire et la matière à ce necessaire.

Laquelle bezoigne ledict Langlois a ainsin promis de faire moyennant la somme de vingt un sol pour chescun millier de lettres tant romaynes que itallicques, quy ne sont plus grosses que le gros texte, ny plus petites que le petit texte.

Et lorsque ledict fondeur aura faict quelque fonte, ledict Millanges ou ses enfants seront tenus de luy payer ladicte fonte bien faicte, à ladicte raison de vingt un sol tournoys chescun millier de lettres, à mesme peyne que dessus.

Item a esté accordé entre lesdictes partyes que sy ledict maistre fondeur ou ses compaignons fondent mal quelques lettres, icelluy fondeur sera tenu de les reffondre à ses despens, et de payer audict Millanges le deschet de la matière desdictes lettres.

Pareilhement a esté acordé que, pendant ledict temps de deux ans, ledict fondeur ne pourra abandonner ledict Millanges, ny travailher pour aulcune aultre personne que pour luy, à peyne de troys cens livres tournoys, que ledict fondeur sera tenu de payer audict Millanges, au qu'il quitte son service, à laquelle somme lesdictes partyes ont convenu et acordé pour tous despens, dommaiges et interestz que ledict Millanges pourroyt contre luy pretendre.

Et, pour entretenir le contenu au present contract, lesdictes partyes ont obligé et obligent, l'une envers l'aultre, tous et chescuns leurs biens tant meubles que immeubles, presens et advenir quelzconques, qu'ilz ont pour ce soubzmis, *et cætera*, et par exprès ledict fondeur sa personne à la rigueur, *et cætera*, l'exécution *et cætera*, et ont renoncé *et cætera*, et ainsin l'ont promis et juré, *et cætera*.

Fait à Bourdeaux, dans la maison dudict Millanges, ez presances de Helies de Hazera, et Jacques Bonnefemme, clercqs, habitans dudict Bourdeaux, tesmoings à ce requis.

S. Millanges; Nicollas Lenglois;
De Hazera, present; De Bonnefemme, present;
Bouhet, notaire royal.

[Arch. dép. de la Gironde, série E, Notaires, minutes de Pierre Bouhet, notaire à Bordeaux.]

IX

Demande de décharge adressée à Millanges
pour des livres par lui envoyés à Paris à un avocat au Conseil privé.

10 septembre 1608.

Dudict jour dixiesme de septembre 1608 après midy.

Aujourd'huy dixiesme de septembre mil six cens huict après midy,

Pardevant moy Pierre Bouhet, notaire et tabellion royal et gardenothes hereditaire en la ville et citté de Bourdeaulx et senneschaussée de Guienne, a esté present en sa personne Monsieur Maistre Jehan Darnal, advocat en la cour de parlement dudit Bourdeaulx et clerc ordinaire de ladicte ville, lequel faisant pour et au nom et comme ayant charge expresse de Maistre Guilhaume Roux, advocat au privé Conseilh du Roy, parlant à la personne de Maistre Simon Millanges, imprimeur ordinaire du Roy en ladicte ville, luy a dict et remonstré comme cy devant ledict Millanges auroyt faict addresse audict sieur Roux, en la ville de Paris, de certaine cantité de libres et volumes des *Croniques d'Eusebe* de la correction de feu Monsieur l'evesque de Bazatz qu'il avoyt imprimés en la presante ville pour les faire vendre, debiter et distribuer tant en ladicte ville de Paris que ailheurs, lesquelz libres ledict Roux auroyt faict mettre et colloquer en une chambrée, louhée à cest effect, en laquelle lesdictz libres ont demeuré jusques à ce que ledict Millange en a dispozé et uzé comme de son bien propre.

Ce pendant il a devers luy des lettres missives dudict sieur Roux contennant comme il avoyt receu lesdictz libres, par vertu desquelles lettres ledict sieur Roux porroyt estre à l'advenir inquietté par les heritiers dudict Millanges ou aultres.

A ceste cause ledict sieur Darnal, audict nom a sommé et requis ledict Millanges luy randre et restituer presentement lesdictes lettres et luy en bailher descharge suffizante desdictz libres par luy envoyés, protestant, où il délayeroit ou reffuzeroyt, de se pourvoyr contre luy par telles voyes et actions qu'il verra estre affaire.

Lequel sieur de Millanges a faict response qu'il a cherché lesdictes lettres pour les rendre audict sieur Roux et, au reste, il declaire et confesse avoyr faict retirer lesdictz libres, tellement que du tout il s'en est tenu et tient pour bien content et en acquitte et descharge ledict sieur Roux et promet ne luy en demander jamais aulcune chose, ce que ledict sieur Darnal, pour et au nom dudict sieur Roux, a stipullé et accepté.

Et du tout m'a requis acte pour servir et valloir audict sieur Roux que de raison, que je luy ay octroyé pour le dheu de mon office.

Ce fut faict et passé audict Bourdeaulx, dans la maison dudict Millanges, ez presances de Loys Tufereau et Pierre Boisseau, praticiens, habitans dudict Bourdeaulx, tesmoings à ce requis.

Darnal ; S. Millanges ;
Tufereau, present ;
Bouhet, notaire royal.

[Arch. dép. de la Gironde, série E, Notaires, minutes de Pierre Bouhet, notaire à Bordeaux.]

X

Payement de menus travaux d'imprimerie faits par Simon Millanges.

18 août 1608.

Du dimanche dix huictiesme du moys d'aoust mil six cens deulx après midy,

Pardevant moy, Pierre Bouhet, notaire et tabellion royal en la ville et cité de Bourdeaulx et senechaussée de Guyenne, presens les tesmoings soubz nommez, a esté present en sa personne Maistre Claude Picot, greffier en la Comission pour la recherche des finances en l'estendüe du pays de Guyenne, lequel a baillé et payé comptant sur ces presantes à Maistre Simon Millanges, bourgeoys et imprimeur du Roy audict Bourdeaulx, illec present et acceptant, la somme de deulx escuz quarante solz, en quartz d'escuz et aultre bonne monnoye faisant ladicte somme, qu'il a prinse et receue et s'en est contenté; et ce, pour avoyr imprimé troys cens monitions et ordonnances du Commissaire depputé pour la susdicte recherche audict pays de Guyenne. De laquelle somme de deulx escuz quarante solz ledict Millanges a quitté et quitte ledict Picot et promect ne luy en demander jamais aulcune chose, ce que ledict Picot stipulle et accepte, et du tout m'a requis acte que je luy ay octroyé pour le deub de ma charge et de mon office.

Ce fut faict et passé audict Bourdeaulx, dans mon logis, parroysse Sainct-Eloy, ez presances de Jacques Lambert, praticien, et Bernard Grenier, clerc, habitans dudict Bourdeaulx, tesmoingtz à ce requis.

S. MILLANGES;
GRENIER; LAMBERT;
BOUHET, notaire royal.

[Arch. dép. de la Gironde, série E, Notaires, minutes de Pierre Bouhet, notaire à Bordeaux.]

www.ingramcontent.com/pod-product-compliance
Ingram Content Group UK Ltd.
Pitfield, Milton Keynes, MK11 3LW, UK
UKHW021036220726
13924UKWH00001B/351